JN438478

규화목 사랑

규화목 사랑

신아출판사

제주도 생각하는 정원에 있는 규화목硅化木

책머리에

시를 쓰는 일이 쉽지만은 않았다.

수필 쓰던 버릇으로 장황한 문장이 되어 지우고 또 지워가며 썼다. 그래도 아름다운 시는 되지 못한 듯하다.

그렇다고 해도 나는 기쁘다.

시를 쓰고 있는 동안에 내 안 깊이 숨어 있던 '또 하나의 나' 가 나와 그의 푸르게 반질대는 깨끗한 에너지를 쉼 없이 이 몸에 공급하여 주었고 감미한 사랑의 밀어를 들려줬기 때문이다.

덤덤하게 지내 왔던 그와 나.

시를 쓰면서 그의 존재를 더욱 깊이 각인했고 누구보다 깊이 사랑하게 되었기 때문이다.

그래서 모두에게 감사하다.

2016. 3.

박성숙

차 례

제3부

제4부

제5부

제6부

제7부

제1부

옥잠화

백옥의 몸결
유백의 미소
초록 이파리 탐스러이 거느리고
상기한 향기 바람인 듯 가벼이

네 이름 본시 옥비녀인 거
세모시 적삼 날듯 입고
흑공단 머리에 영롱히 앉은

하늘이 호호한 만월의 밤에
천상 백옥루* 이태백이
월광에 싸인 아름다운 너
차가운 이슬 백학선* 날리며

절절한 연시 바치러 온다는

---

* 백옥루: 문인이 죽은 뒤에 간다고 하는 천상누각.
* 백학선: 명明나라 때 소설. 『백학선전』에 나오는 부채.

규화목硅化木

죽고도 죽지 않은
죽고도 살아 있는

한 뼘 삭정이도 남기지 않고
다 타버린 재
황홀하게 펄럭이며 타는 불꽃
완전한 소멸만이 죽음의 극치라 찬미했다

지금 내 앞에 죽고도 죽지 않은
장엄한 신비 누워 있어
생명 질서의 불가사의를 보이고 있다

나무로 오백 년
돌로 오만 년을 살았다는

나는, 고목에 깃든 수염 난 영혼을 사랑했고
영혼 앞에 비손하던
어머니의 손끝을 사탕보다 좋아했다. 그런데

영혼이 가버린 차가운 몸
내 더운 가슴에 어찌 안을지

그러나 이 행성에는 아직도
울음으로 삭일 수 없는 영험이 남아 있고
경험하지 못한 또 다른
하늘의 질서가 경이를 내보이고 있다

영혼의 비상을 앞지르는 빛의 움직임

옹이로 뭉쳐진
겹겹이 다져진 생명의 시간
하늘의 손길 비껴 신비를 낳았다

나는 새 곤충까지 모두 품고
춥고 더운 많은 날, 천둥 번개 물리치며
바람의 자장가로 다독인 사랑
반천년을 흔들리며 견디었구나

개미의 구멍까지 쓸어안고 죽은

쓰러진 뒤에도 열정이 남아
연꽃을 피워 내는 웅덩이를 찾았더냐
새벽빛, 별빛, 바람을 받아
뻘에서 이룬 몸,
고결한 몸태

네 몸 진정 땅의 운석
깨지지 않는 영생의 도자기
지상에서 반짝이는 별인 것을

연당에 비 뿌릴 제

은사 실실이 바람 따라 흘러
수정 방울 맺는구나
초록공단 쟁반에

네 머리칼에도
내 이마에도

한 줄기 맑은 연향
꽃 피어 앞에 있네
빙그레 웃음 짓는 카시아파*나
홀로 있어도 외롭지 않을 듯

발밑의 개구리 팔짝 뛰어
빗방울 물어다
연못 물 채우는데

---

* 카시아파: 석가모니의 제자(가섭 존자).

고요한 집

높다란 아파트 창의 불빛
하나씩 둘씩 꺼져가는 밤
긴 그림자에 가위눌리어
다소곳 낮은 기와집에서는
꺼지지 않고 있는 불빛이 있다

아직도 잠들지 않은 이들
하룻일 도란도란 이야기하고 있는가
밥상 물린 남편에게 무를 깎아 주며
배보다 무가 더 좋다고
뒤꼍의 고양이가 새끼를 낳았다며 웃는

그리고 자리에 들기 전에
창가에 다가가 별에게
"안녕" 하고 잠드는 아내

이런 사람이 살고 있는 집에는
밤의 고요가 포근한 날개로 날아와
그 날개 살풋 놓고 가리

11월 그믐달

기러기 나래 접은, 안개 언 밤
호올로 흐르는 사위어진 몸
바람 스치고 구름이 와서
함께 가는구나 가없는 길

둥두렷 떠올라 은빛 물결 출렁일 때
내 꿈은 창파에 분홍춤을 추었네
월광을 촉각으로 받아 마시며
달이 질 때까지 울어댄다는
저- 인도의 월광충처럼
몸을 떨었네

왔으니 가는구나 영광의 한때
기우는 옷섶에 실리는 눈길 없어
"안녕"
허공에 맴도는 소리

잔별도 잠이 든 적막의 하늘

성근 몸 뉘어가는 침묵의 입에
서러운 입김 서리지 않아

정결한 여인의 가르마로
법도에 귀 밝은 서리찬 기운

가을 불일암

하늘 한 켜 벗겨져 일어난 바람
외로운 용마루 사르르 쓸고
뜰아래 후박나무 가지에 내린다

한 잎
또 한 잎
떨어지는 잎

가려지지 않아 더욱 허허한
봉분 없는 무덤에 정을 덮는다

토방에 놓여 있는 그때의 의자
햇빛이 앉아 스님인 양 하고
비에 꺾인 도라지꽃 있던 식탁엔
낯익은 그림자 애달파라

서느러운 고요만 깃들어 있는
어디선가 휘파람새 주인을 불러

어머니

황소 등 닮아 너부죽한
다박솔 우북한 산중턱에
짙게 이끼 덮은 성황당이 있었다
장끼도 산토끼도 놀다 가는

그곳에 치성을 드리시는 울어머니
가을 무 닮은 아들 하나 주소서.

당신은 내게
봄날 움 속의 배추 닮은 육신과
나비의 더듬이로 예민한 신경
반짝이는 총명도 안기셨으나
그것이 여아女兒
늑골 밑이 그리도 허전하셨던가

눈 감으면 지금도 아슴하게
보랏빛 안개 속, 그물에 갇힌 눈빛
그렇더래도 당신은 나를 호사시키고

채색된 날개랑 달아 주시며
높이 날아라 높게 날아

산 아랫동네에 우리 집은 있었다
무시로 고소한 냄새 풍기던
전쟁의 포화가 짓부수기 전까지

집 밖으로 쫓겨 나온 아수라의 세상
홀로 된 어머니가 막아줄 수 없는
옷 벗은 천사가 되어버린 자식들

어머니는 마당을 파 상추를 심고
철망을 엮어 닭을 길렀다
달걀과 콩나물을 바꾸어 먹던 가난
반찬 한번 덥석 안 집으시던
그날의 고운 태는 날로 가시고

어머니 당신은 그렇게

우리가 살아갈 길을 보이시며
얼지 않은 콩으로 키우셨습니다
살모사의 껍질이 되시기까지

자식은 부모의 아픔일까요
보이지 않는 상처로 찢는
무서운 아픔일까요
어머니 그렇지만 당신은 지금도
내 안에 흐르는 남촌의 강물입니다
변함없이 따뜻한 강물입니다

한 마리 백할미새

눈이 온다
펑펑 쏟아진다
뜨락의 왕솔나무에
벗은 나뭇가지에

눈은 금새
길바닥 논바닥에 하얀 솜을 깔았다
그 길 걷고 싶은, 뛰고도 싶은

하늘 어디쯤 이리 흰빛 있었는가
별들이 몸 부벼 떨군 가루
그러기에 눈에는 그리움이 묻어 있다

어릴 때 갖고 놀던 색종이가 보이고
우등상 받던 날의 기쁨이 보인다.
새로 산 공책도 연필도 필통까지

오늘처럼 이렇게 세상이

거대한 한 송이 눈꽃으로 핀 날에는, 나도
신비의 너울 몸에 두르고
새하얀 눈꽃 꽃심에 들어
시간이 뒤바뀐 꿈속에서
날씬한 한 마리 백할미새로 나고 싶은

그리고는 종 종 종
하얀 눈 위에
발갛게 언 발자욱 찍으며
겨울의 멋쟁이로 뽐내고 싶다

내 안의 길을 걷는 사람

내 안의 길을 걷는 사람
이정표 없이
들꽃이 만발한 꽃바람길 아니야
해골의 바위가 안나푸르나로 솟은
소멸의 바람 가슴 후비며 부는 길
천길 낭떠러지 땀 흘리며 걷는 길

신은 어쩌면 그런 곳에
작은 돌멩이로 앉아서
저 높은 곳만을 보지 않고
걸음새 낮은 그런 이에게만
번쩍 큰 눈빛 보내줄 건가

내 안의 길을 걷는 사람
오직, 한 일만 생각하고
천둥소리에도, 다디단 유혹에도
움쩍 않는 사람, 이런 이에게만
하늘의 소리 듣게 할 건가.

지혜의 열매 구슬로 품고 있는 이
뜨거운 자기의 침잠 속에서
그곳에 깃든 원시의 마음과 만나게 되리

마음은 영혼
영혼은 신에게 이르는 한 마리 새다

제2부

해 지는 강가에서

그곳엔 큰 바위와 벼랑이 있었다
하얀 찔레 닮은 강모래도
낮에 날던 물새 나래를 접고
강바닥 고기들 잠들 때며는
모래가 우는
낮은 소리로 흐느껴 우는 모래의 울음소리가
강을 타고 흐른다

바위와 강물이
몇 만 년을 만나 이루어 놓은 모래
모래는 그 긴 세월의 사연을 알아
아픔을 알아 우는 것

오늘도 하늘은 어김없이
밤의 역사를 펼쳐가고
불덩이 해도 성큼
노을을 앞세워 내일로 가고 있다
소멸은 존재의 마지막 춤사위인가

춤추지도
흐르지도 못하는 정체
모래는 펄럭이는 바람을 조상하며
펄럭이어 소멸하는 그 아름다움이 부러워
슬피슬피 우는 거다

따뜻한 아침

서리가 눈처럼 내린 아침
쓰레기더미에서 상자를 줍는
머리칼 성근 등 굽은 할아버지

라면상자 사과상자 과자상자
상사 상자 빈 상자 빠짐없이
알맹이 없는 빈 껍데기

곱은 손으로 어눌하게 줍는구나
지침도 없이

그래도 쌓인 상자
한끼 요깃거리

뽀얗게 김 오르는 따끈한 국수
한 젓갈 한 젓갈 건질 때마다
푹 파인 두 뺨에 퍼지는 미소

아! 오늘은 참말
따뜻한 아침이야

우수절 내리는 비

산도
들도
허공도
세상이 온통 질퍽하다

깊고 어두운 어머니 자궁
양수에 출렁히 잠긴 생명들
새내기 숨 고르게 이쁘게 쉬며
새 세상 나갈 꿈 꾸고 있다

발룡리 산자락 자갈 땅에
까슬하게 오그라든 봄동 속으로
빗방울 방울방울 흘러드네

빗속에 머쓱하게 서 있던 거위
남쪽 하늘 바라보며 꽥꽥 울어
봄이 오는 소리가 들렸던 게다

소리에 놀란 매화 봉오리
톡하고 터지며 빗방울을 물어

달구비

용두암 가까이 용연포구에서
소라 껍데기 닮은 식당을 찾았다
식당 간판이 '달구비'

식탁이 네 개
주인 내외

나그넷길에서
안방에 든 기분
"이 집 맛있겠지?"

장사에 실패를 거듭했나 보다
이번에야말로 생땅 다지듯
달구방아 찧듯 힘을 내보자

내 온 보말국수가 구수했다
비 오는 날의 포구가 주는 맛이다

우리 가족은
달구비 달구비 떠들어가며
흡족한 기분으로 포구를 떴다

섬진강

치마 주름 풀린다. 사르르르르
꽃향기 흐른다 잔물결 위를
버들개지 들러리 선 꽃가마 행렬

북녘에는 아직도 봄이 이른데
남풍 날리어 손짓하더니
세상일 잠시 물보라로 씻고
하룻날 꿈꾸는 선녀로 살라 한다

매화꽃대궐 언덕에 짓고
엽록 내음 상기한 신선의 향연
강심에 은어 뛰고 조개 속삭이는

꿈 타고 강물 따라 나도 흐르네
강바닥 생명들 환희의 노래
이 강물 어머니 치맛속 나라

아가야, 세상살이 고달팠더냐

생명은 눈물이고, 또한 기쁨
강물 타고 흐르며 눈물 날리네

나의 흰나리

봄빛이 병아리 깃털로 창가에 온 날
나리꽃 뿌리를 화분에 심었지요
땅에서 캐 온 뿌리가 약해 보였지만
몸살을 하면서 차차
강해질 거라 믿었지요

물 주고 눈길 나누며 기다리는 동안
당부할 필요없이 나리는
싹 틔우고 잎 피우며 잘 자랐지요

햇빛이 안부하고
바람이 창 두드리며
이웃의 사랑을 알렸답니다

그러나, 긴 봄이 다 가고,
여름이 왔는데도 꽃을 보이지 않는 나리
선병질 소년의 멀쑥한 키로
날마다 변하는 날씨 속에서도

성찬을 받아먹지 못한 나리

뿌리를 심던 날의 나의 꿈은
예쁜 얼굴의 친구를 닮은
순결한 그 꽃, 나리 곁에서
아찔하게 밀려오는 향기에 취해
"백합 같은 내 동무야"
그리움 토하며 노래하려 했거늘
노래 부르려 했거늘

꽃도 피우지 못하고 미숙아로 자란 나리
열여덟 나이에 포화로 찢긴
백합 같은 내 동무와 나의 젊은 날로
그러기에 더욱 사랑옵고 애달픈
나의 흰 나리

수평선 저 너머

기다란 끈 하나
바다를 잘랐다

안쪽은 푸른 파도
생명을 기르는
때로는 노하여
생을 할퀴는

그 밖은 알 수 없는 신비의 세계
알 수 없는 그 세계로 해가 숨었다
해 지니 금시에 황금의 물결

신비의 그 세계, 황금의 나라일까
그러니
갈매기도 거북이도 없는 나라

생명이 없는 빛만 있는 나라
빛만 부시게 빛나는 나라에는 생멸도 없으리

생멸 또한 없으리
그러니 영원한 비로자나*의 낙원

* 비로자나불: 법계에 두루 차서 대광명을 내비추어 중생을 고통에서 건지는 부처님.

새봄

골짜기 쌓인 눈 남풍에 녹고
산아래 촛대할매는 누더기 벗고
절름절름 절며 염라국 찾았다

두어 고랑 밭 일궈
새처럼 먹고
까치와 딱새와 다람쥐와 동무하던
마루 밑 쥐까지 먹이를 챙기던

업경*을 한동안 보던 염왕*이
– 맑고도 정한 업장, 향화로고.
  양광을 내릴 테니 어서 가라 –

우수로 젖은 거뭇한 땅에
한 무덕 또 한 무덕 순한 초록
꽃다지 쑥부쟁이 아기똥풀
방글방글 웃으며 세상에 왔다

노란 양광 담뿍 쓰고

* 업경業鏡: 저승에 있다고 하는 중생의 업을 비추어 보는 거울.
* 염왕: 염라대왕.

모르는 것이 많지만 아는 것도 있다

꽃에 향기가 있다고 말한다면
그 말이 맞는 말인가
꽃술에 있다 해야 맞는 말인가
꽃잎에 있다고 말한다면
그 말은 틀린 말인가

죽음 다음에는 영혼이 있다고 사람들이 말한다
그것은 머지않아 알게 될 일이지만
육체를 떠난 영혼은 곧
빛의 터널에 들게 된다고도 한다
그 말도 곧 알게 될 수 있을는지

하늘에 오를 빛의 터널은 흰색이고
사람 세계로 돌아올 빛의 터널은 황색이며
짐승 세계로 가는 터널은 담청색이란다

나를 떠난 영혼은 방황하리
이 삶에, 그 어떤 의미가 있었는지

확연히 알지 못하면서, 그저
운명의 여울에 부침하며
선하지도 악하지도 않게 살아온 삶
분명,
인간계로 회귀할 황색 터널에 들어야 할지
망설여질 것이다
살아있는 동안 내내, 저
'험불산' 에 살고 있는, 날지 못하는 새
'카구' *처럼
시원한 날갯짓 쳐보지 못하고
매맞는 팽이로 살아온 날, 날

내 영혼, 너는 기억하리
그날의 알래스카 대설원
오염된 인간의 손에 길들지 않으려고
소금 먹기를 거부했다던
'툰드라' 순록의 의연한 결의
너와 나 하나로 부둥켜안고 떨던

그 밤
차가운 하늘의 유성 하나
빗금으로 날아와 심장에 박혀
찌들은 먹피 쏟게 했으니
때로는 낮게 울 줄 아는 풀되게 했으니

사랑하는 영혼 너
설원의 눈빛 부시게 반사하는
새하얀 터널에 들어
황홀하게 원무하는 오로라의 빛 되거라

나 비록 모르는 것이 많지만
이것만은 아침이면 동산에 해가 뜨는 것처럼
확실하게 알 것 같다.

---

* 카구: 누벨칼레도니 섬 험불산에 살고 있는 날지 못하는 새.

제3부

초여름

탱글한 열매 가지마다 달려
금싸라기 햇살 시새워 당기고

연못의 올챙이는 꽁지를 떼고
어른이 되었다며
창포 뿌리를 희롱한다

먼 산 뻐꾸기 짝 찾아 우니
홀로 핀 찔레는 귓문을 닫아

3월의 시

팔랑
머리칼 날리는 결 고운 바람
멀리 강남의 우표가 붙은

기린봉의 잔설
꽃무더긴가
봄을 기다리는 성급한 마음

골짜기 버들개지 통통하게
양지에서 잠이 든 고양이 등

달개비꽃

까만 밤 아기별 떨군 눈물
풀잎에 달려 해님 보고 운다
지난여름 모질게 뜨겁더니
빛톨 톰방 은하에 들어
청옥 빛나는 별 되었다

뒷산 모래밭에 이쁜 별 닮은
달개비꽃 피었다
서늘한 두 뺨
황금 왕관 꽃술 달고

땅 가까이 낮게 피어서도 기죽지 않고
뽑아 던져도 다시 살아나는
마디에서 뿌리를 내리는 힘은
사멸死滅에 대한 저항뿐이 아니라
연약한 풀이 가진
세상에 대한 사랑

큰 풀이 막아서면 비켜가는 지혜
물에 풀린 잉크로 피워내는 지성

젊은 날, 나는 꽃 중의 꽃으로 라일락을 꼽았다
그러나 오늘
향기 미미한 달개비의 가는 손목을 잡고
연약한 겸허에 더운 마음 전한다
지성의 눈 푸름에
부러움의 찬사 사랑으로 전하고

목련꽃 필 때

목련의 꽃잎이 울안을 덮을 때면
먼길 저승에서
그리운 어머니의 눈빛이 온다

청춘에 홀로 되어 한평생을
옥양목 저고리만 입고 지내신
달빛 푸른 밤의 흐느끼는 소복녀

목련을 좋아해 울안에 심고
나무가 뿌리로부터 꽃물을 퍼올릴 때
어머니는
가슴 골 더운 김 토해내서
도토리 사남매 키우셨다

나무에 기대어 긴긴 날
오고 간 사연이야 나는 모른다
연면이 조금씩 늙어가는 나무
앞서간 지아비로 섬기었는지

들녘 아지랑이 춤추던 날
목련의 꽃잎이 땅에 누울 때
어머니도 그렇게 누우셨다

숲 속 통나무집의 이틀

짙은 안개 때문이었다
저녁 어스름 때문이었을까
숲 속 나무들이 거뭇거뭇
유령 닮은 얼굴로 으스스하게 서 있다

온몸을 감아도는 축축한 바람
뱀의 체온으로 섬뜩거렸다
서 있는 우리는 모두가 난쟁이
숲을 비추는 높은 가로등
인공의 달이 뜨니
화성에 선 듯해

잠결에 들려오는 낯선 속삭임
숲 속 요정들 오밀오밀 모여서
낯선 침입자 살피는 듯
이들이 몰고 온 상쾌한 향기
낯선 침입자도 숲의 사람인 듯

다음날 해가 높이 뜬 아침
안개도 슬몃 떠나고 나니
산자락 싸리꽃 루비 웃음
아직도 유아의 꿈 꾸는 당신
영글지 않았다 웃는 것 같아

숲 속 통나무집에서의 이틀은
긴 장마철의 천일야화로
달달한 솜사탕 위로였다

눈꽃 편지

한 해가 가고 있는 이별의 아침
집안을 흐르는 올드팝의 노래 따라
창틀에 눈꽃 하나 와 앉았다

육각의 쬐끄만 꽃잎마다에
각기 다른 하늘 사연 꼼꼼하게 담아
우주의 사자로 날아왔는가

폭풍과 번개도 미소로 담고
뙤약볕 빛톨은 반짝이는 다이아
하늘이 언제나 사납지만 않다며
큰언니 손길로 봄이 오지 않냐며
이렇게 부드러운 눈도 오지 않냐며

그리고 은하수
사랑의 쌍둥이, 카스토르와 폴룩스의 사연
언제 오느냐 묻지 않는
깊은 물보다 속 깊은 사랑

눈꽃 사연 스러질까 서성거리는
하얗게 마른 가슴, 차가운 내 손

봉정사鳳停寺 극락전에서

출렁이는 초록 파도
숱 많은 소나무 참나무 아래
흑골黑骨 기둥으로 초라한 지붕
천 년하고 또 오백 년을 지내온 가람

신라 승 의상국사 종이학 접어
부석사 뜨락에서 하늘에 날리니
한숨에 가볍게 여기 앉았다네
그래서 지었다는 봉정사

석축 밑 환히 핀, 작약 수국 백화는
생명 웅성이는 극락의 중생
단청도 지워버린 세월의 끄름
품고 있는 때 탄 구슬, 닦으란 화두

때마침 지나가는 수행승에게
"신라의 옛 스님 뵙는 듯합니다"
합장하니

검은 나무로 깎은 것 같은
까만 얼굴의 마른 스님
흰 치아 드러내며
샘물로 웃어

별 밤에

별들이 쏟아져 나와 하늘을 채운 밤
나도
동무별과 어울려 어깨를 짜고
노래하며 하늘을 유영하다 그만
유성우流星雨에 쓸려 떨어지고 말았다

끝없는 초원
하늘에선 알지 못한 풀 향기가
떨어진 아픈 몸을 쓸어 주었다

나무의 흰 뼈 닮아 하얀 바람
초록의 잎새 날리며 신성한 몸짓으로
생명의 씨앗들 만들고 있다

그때 멀리서
말갈퀴 날리며 한 남자가 오고 있다
저 남자 나와 같은 밤의 자식
인간은 죽어가는 별에서 만들어진 원자로 된 것이니

두렁치 두르고 양젖 짜는 모녀
저 엄마
저 딸
저 양은
어느 별의 초신성 때 떨어진
별들의 몸일까
친구야, 불러도 알아주지 않는
지금은 피 도는 생명체지만
언제나 네 안엔, 목마른 울대로
은하를 갈구하는 영혼이 있지

언제가 되려나 알 수 없는
오늘처럼 별이 쏟아지는 밤 오면
우리들 별의 자식 어깨를 짜고
동무별 유영하는 하늘로 가자

생명이 없는 우리의 고향
생명이 없으니 영원이 있는

입추

가을이 일어섰다
북국 제비갈매기
얼음 앉은 날개 부르르 털고
쏘아보던 남국으로 날으려 한다

태양은 중천에서 아직 타는데
앞산 싸리나무 참나무는
왕솔님 모셔다 울을 치고
댕댕이 칡 박주가리 덩굴은
올가미 옭아서
북국 바람 가두려 운력을 한다

어디 한번 겨뤄 볼까
찬 날갯짓
북두칠성 올라타고 토방에 내려
잠자는 귀뚜리에 얼음침 놓고
봉당의 초록 풀도 할퀴어놨다

마룻장 쓸고 가는 서늘한 바람
잔별 거느린 맑은 하늘에
둥근 달이 어찌 아니오겠나

제4부

석류

삼성각 오르는 계단 옆
휘어진 가지에 달린 열매

모정 사무치는 기도에 익어
잉그락 불로 뜨겁게 익어
이윽고 터진 가슴
알알의 염원

흑요석 검은 하늘
북두*에 오르려 몸을 빛내

* 북두: 북두칠성. 이 별은 이슬람에서 천국의 상징이다.

세월

오늘 벌써 저물었나 했더니
자고 나니 벌써 또 오늘이네

아랫니 났다며 반겼던 아기
어느새 이마에 새치 날고

백년을 언약했던 훤칠한 사람
무덤에서 피어난 억새 손으로
미안타 미안타 서글픔 달래

손가락 틩길 사이 지나간 날들
날 위해 마련될 날 얼마나 될지
계곡수 흘러 흘러 강에 드는데
영겁에 부는 바람 갈 곳을 몰라

구름

끝이 없는 하늘바다
희게 핀 목화송이
삿대도 없이 동동 흐른다

검은 땅은 고개를 들고
부러움 찬 눈으로 배에 오르고
자유로운 방랑 꿈을 품는다

동동 흰구름 땅을 보고
쉼없는 유랑을 한탄하며
고요한 안주를 부러워해

만남

— 백제불교 최초 도래지 법성포에서

썰물의 포구는 가을비 속에
가슴을 열고 누워 있었다
누구든 오라

산등성 늙은 은행나무는
후두둑 후두둑
노랑나비 시체들 마구 떨구고

춘생春生이니 추거秋去인가
오셨으니 떠나간 마라난타 존자

물 빠진 갯벌 허적한데
이상도 한 일
부드러운 뿌연 빛 감겨온다
축축한 가운데도 가슴은 덥고
알 수 없는 힘의 기둥
존자의 영상인 듯

오랜 시간, 긴 겁을 꿈속에서 살았다
꿈속의 나는 갠지스 강변의 어린 소녀
아버지 없는 가슴은 동굴이었다

아이는 두려움에 소리치며 울었다
숲 속 장원의 장자와 같은 아비를 주소서
일찍 죽지 않는 영원의 부성을

울음소리는 바람을 타고
이 갠지스 강의 물결 위를
멀리 아득히 퍼져 갔다

숲 속 장원의 장자가 곧
마라난타 존자로 신변神變하셨던가
그리고 멀리 동진하여
백제의 옛 땅에 오셨음이던가

천진한 소녀의 아리야식*이 차츰

잔별 같은 시간을 타고
이 몸을 찾아 여기까지 왔구나

인자한 존자의 조상彫像 앞에 쓰러져 나는 울었다
나에게도 영원한 아버지가 있었던 것
흐르는 눈물, 갠지스 강으로
갠지스 강으로 오래도록 흐르리

---

* 아리야식: 阿梨耶識
일반적으로 인간의 마음은 안 · 이 · 비 · 설 · 신 · 의의(眼耳鼻舌身意) 6識으로 본다. 그런데 불교에서는 여기에 말라식, 아리야식 2식을 더해 8識으로 생각한다. 아리야식은 제8식이다. 이 아리야식은 사람이 죽어 제7식까지 모두 사라져도 심층에 남아서 다음 생으로 이어진다고 말한다.

명부전 앞 족두리꽃

저승엘 뉘라서 가봤을까마는, 그래도
백중엔 저승문이 열린다고
저세상 계신 영혼 영접을 한다

풀먹여 다린 옷 정갈히 입고
종종진수 마련해 찬합에 담고
향내 자욱한 명부전에 든다

처마끝 풍경소리 들리실는지
나 보고 깜짝 반기기나 할는지
때때로 잊고 산 정, 내 안의 구름

아버지 함자
어머니 성명
불러보는 사랑에 물결이 일어

생전에 조금만 더 효했더라면
다독여 주시라 응석했을까

어머니 울아버지 많이 드소서

당신들 계신 곳 평안하온지
춥지는 덥지는 않으시온지
사절 동안 미풍취동한다 하오니
그곳이 극락이라 믿겠나이다

흰구름 덩을 타고 오르실 적에
명부전 앞뜰, 족두리꽃
어머니 머리에 얹어드릴게
아버지 어머니 웃고 가소서

설천의 밤

천지가 뜨거운 용광로인데
설천의 계곡은 한가을이다
물보라에 씻긴 잎새에서는
얼음인 듯 차가운 수정알 떨어지고
흔들리는 잎 사이로 하얀 달빛 꿈결이다

어디선가 들려오는 통기타 소리
여름은 끓는 기운으로 축제를 벌여
젊은 열정을 폭죽으로 꽃피운다

나는 어찌해 여기 있는가
지금은 전설이 되고 만 지난날인데
청춘의 초상이 물끄러미 나를 본다

이때
포물선으로 날아와 앉은 반디
파란 섬광으로 아름다이 살았노라
그리고 어디론가 숨어 버렸다

위안으로 얻은 기쁜 가슴에
찰랑찰랑 계곡수 춤추며 간다

행복한 가게

햇살이 노을로 물들어갈 무렵
하얀 이 드러내고 들어선 청년
나, 베트남 사람 내일 장가갑니다

목련꽃 피듯, 화들짝 일어선 봉사자들
양복을 고르랴 와이셔츠도
넥타이 구두까지 쫙 한 벌

봉숭아 물이 든 고운 손길로
입혀보고 태를 보고 칭찬까지
모두 합해 일만일천 원
천 원은 축하금 만 원만 주세요
그리고 입 모아 행복하세요

침침했던 가게에
보름달이 떴다.

또 한 번의 봄

노란빛 웃으며 손짓하기에
반가워 뜨락에 내려섰지요
봄은 부드러운 손길로
머리를 만지며 사랑을 주었지요

발 아래 보이는 검은 땅
겨울을 넘겨 힘 빠진 땅을, 영차
힘 모아 밀어내며 고개드는 새싹들

한겨울 몸 바쳐 안아준 흙인데
살모사 새끼는 아니더라도, 그보다 더한
찢고 나온 얼굴에 보이는 미소
흙은 아프게 울고 있습니다

봄은 흙에게 타이릅니다
생명을 태어나게 하기 위해선
찢기는 아픔은 견디어야 한다고
너는 어미의 가슴이니까

비가 내려 이랑에 물이 흐를 때
그때는 흙도 말하겠지요
흐르는 물 따라 크게 울면서
찢기는 아픔을 운 게 아니라고

그리고는 날마다 변하는 날씨 속에서
잎 피우고 꽃 피울, 진한
양분을 만들겠지요

봄은 또다시 흙에게 이릅니다
이것만큼 우리가
이 땅에 존재하는 이유는 없을 것이라고

짧았던 생명의 날이 가고, 봄이
이 땅을 떠나려 할 때 말할까요

내가 진정 원하는 것은

영원이 아니라고
또 한 번의 봄으로 다시
세상에 오는 것이라고

청우스님

곡우절 지나 잎 피던 날
쫙 편 손바닥 청단풍 아래
옥잠화 웃음으로 서 있던 스님

계곡 바위 이끼마저 씻어내리고
내객을 맞는다며 젖은 손 닦던
스님은 어쩌면 보현보살

은하수 푸른 물에 스님 나셨나
몸에서 흐르는 파르라한 빛

세상 냄새 풍기며 합장한 신녀
다가서지 못하고 주춤거리는

제5부

가을 암자

청천에 백운 날고
홍엽 타는데
단청 벗겨진 늙은 암자는
전 세상 사자의 박제 같아

닳아서 매끈해진 돌계단
천상과 지상의 경계를 가늠한다

동굴에서 들리는 듯 목어의 울음
등 굽은 수행인의 독백인가
무문의 길에서 도를 찾는

높은 깨달음의 광휘를 찾아
백만리 사막도 죽음 걸고 걷는
수행자의 가슴에는 모래만 가득

목어의 울음은 이 모래 쏟고
청천의 청풍 넘치도록 채워가는

홍엽 타는 불꽃
대오의 불꽃 되게

초록비

바람 일지 않게
스란치마 끄는 소리로
그러나 여물게 굴러 떨어지는

잎새에 흘러
소년의 반짝이는 이

꽃잎에 앉아
소녀의 부끄러움

산천을 씻는 빗물 방울방울
산도 들도 초록 세상

한 마리 새로 날아서 올라
구름도 초록으로 물들이고 싶은

입춘

환절기 독한 감기에 걸려
불타는 덩을 타고 지옥을 돌았다
열에 떠 헛것을 보는 중에
쌓은 죄 태우소서 욕심을 태우소서

천 가지 생각으로 살아온 날들
나만을 위하여 선도 쌓은 삶
옥수수 잎 씻던 시원한 빗줄기로
씻고 씻고 씻어 흘리소서

가벼워진 몸으로 일어난 아침
석유내 풍기는 조간에서는
갓 쓴 유림, 입춘방을 쓰고 있다

새물 내음 상큼한 내 앞자락에
새잎이 돋아난다
입춘대길, 춘축일세

온 곳으로 가는 길목에서

앞 강물 오늘도 어제런 듯 흐르고
바람 쉬지 않고 허공을 쓰는데
날으던 나비 나래 접고 쉰다

애야, 우리도 쉬자꾸나
책장일랑 덮고 텔레비전도 끄고
노을 미낀 하늘 올려다보며
빛 받아 익은 얼굴 마주 보면서

별로 엮은 가마
동아줄에 매달아 내릴지 누가 아니
달빛 너울 포대기로 싸갈지 누가 아니

지나간 날들일랑 서둘러 땅에 묻자
강변의 흰 모래 깊이 파서 묻자

수없이 집을 짓던 왕거미의 습성도
먹이를 굴려다 굴에 감추는 개미의 습성도

번데기를 찢고 나온 가벼운 나비 되게

초월에의 이데아로 물이 든 머리
무엇을 위하여 살라 했는지
무엇을 위하여 살지 말라 했는지

뒤돌아보지 말자, 다만
축제의 밤에 터져 오르는 찬란한 불꽃으로
너와 나 그렇게 빛부신
이별을 하자

아파트 개구리

아파트 인공연못 얕은 물에
개구리 가족이 살고 있다
케냐의 아이처럼 바싹 마른, 그래도
개구리는 개구리라고
첨탑에 별빛 걸린 저녁이 되면
캐글 카 캐글 카 울어댄다

된장을 끓여도 이제는
어머니 손맛이 사라지고 없는
가스레인지 위의 찌개 맛처럼

그러다 비 내리고
연못물 출렁이니
번질대는 몸으로 왕눈이 되어
와글와글 개굴개굴 개구리로 울어

열사흘 달빛

초저녁 달빛 명주 결로 흐르기에
예불을 마친 저녁
보리수 나무 아래 앉았습니다

아직은 푸른빛 남아있는 보리수 잎새
나무에서 내려와
등뒤에 따라 앉습니다

달에는 거미가 그리다 만 그림 미완성이고
보리수 잎새는 물도 들기 전에
가지를 버렸습니다

법의와 잎새에 맺힌 이슬
열사흘 달빛이
옥구슬로 반짝이게 수를 놓아 줍니다

풍경 소리 이 밤엔
옥퉁수로 울리어
옥계의 청류에 들 것도 같습니다

7월의 하루

긴 장마가 걷힌 하루
마루 끝에 앉아 졸다가
찌르레기 소리에 잠이 깼다

풋감 떨어져 깨지고 뒹굴고
개미도 집채로 떠내려갔다며
찌르레기 목청껏 소리 지른다
찌르레기 작은 눈엔
풋감만큼만 세상만 보이는가 봐

그렇다고
사람의 눈에는 지구가 한눈에 다 보이는가
히말라야 정령들 숨은 곳이 보이는가
태양이 쏘아 버린 땡볕이
빨랫줄에 매달려 헐떡이는 모양은 잘 보이는가

맨드라미 봉숭아는 초록 몸에서
빨간 물 만드느라 열애중인데

불에도 데이지 않는 생명의 신비
뜨거워야 영그는 옥수수도 있다

시원한 마루에 배 깔고 엎드려
숙제하며 영글던
그때의 7월이 그리운 하루다

6월의 노래

6월은 하얀 치아를 반짝이며 다그는
열여섯 소년의 청신한 숨결이고
초록 공단으로 치장한 엘리제 궁이며
공주의 머리에 얹혀진 에메랄드 화관이다

6월은 길가의 돌맹이까지도 광석으로
번쩍이게 하는 빛의 달이고
무한한 생장生長의 달이기도 하며
절정에 다다른 힘찬 생명의 달이다

6월의 저 짙푸른 누리를 나는 사랑하며
뻗쳐오르는 생기와 청청 앞에 오래
무릎 꿇고 경배하고자 한다

그러나
6월은 나에게 잔인한 달이기도 하다
6월은 대포 소리도 요란하게 와서
나의 열여덟 라일락을 짓부셔버리고

아버지를 빼앗은 눈물의 달인 것이다

그런데도 나
쑥갓꽃 순결한 이 아픈 6월을 사랑하는 것은
못난 이 나를 세상에 있게 한 달인 까닭이기도 하다

아! 6월이여
못내 아파하다가도 이내
찬란하고, 사랑하지 않고는 못 배기는
6월 닮은 내 성정이 좋기만 하다

10월

나무들이
서러운 눈빛으로 젖어 있다
찬 빗방울
꽃송이 속으로 흘러들고
여름은 스스로의 종말을 향해
말없이 몸 떨며 떠나고 있다

쥐똥나무 이파리 도르르 말려
뵈지 않는 바람에 하나씩 지고, 여름
죽어가는 풀섶, 꿈속에서
비통한 한숨 몰아쉬고 있다. 그래도
여름은, 열정 말라가는 장미 옆에서
안식을 갈망하다 지친 입술
까맣게 새까맣게 오무리고 만다

제6부

가을이 온다

자랄 대로 자란 저 산 푸름
차면 기우는 만월의 청명
꽃은 지면서 열매를 남기려 하고
모든 아침은 저녁이 되려고 분주하다

나무들 사이로 부는 바람 희고
어제 웃던 세상 남은 거 없어
붉은빛 날로 쇠락에 들고
반짝이던 싸리꽃 눈을 감았네

여름날 타올랐던 열정은 식고
발 아래 구르는 낙엽 하나

봄날 강변에 나불대던
가슴에 불 지피던 호드기 소리
조락의 바람 결에 세어지고
물안개에 떠 있는 정념 진정 쓸쓸해

기도

밭둑에 자라는 명아주를 뜯어다
나물을 무치면서
깨알만 한 시간 마음을 모은다
이 나물 먹고 나, 맑은 심장이게 하소서
명아줏대 하얀, 빈속으로 떠나게 하소서

바람이 내려놓은 먼지를 닦다가
먼지만 한 시간 하늘을 우러른다
텅 비어 있으나 번개를 품은
보이지 않는 열정 품고 살게 하소서

조금은 세상으로부터 물러나
풀과 나무, 꽃과 새들의 이야기 들으며
잠자리 한 마리까지 사랑하는 마음으로 살게 하소서

오래된 묏동에 핀 할매의 넋
그 꽃 곧추세울
회생의 기운될 기도하는 몸으로 살게 하소서

무제

노을에 물든 꽃보고
너 본디
붉은 꽃이더냐

하얀 봉숭아 파르르 떨며
샘 많은 내 맘
노을빛 훔쳤습니다

흐르느느 저녁 강물, 어느새
하늘 노을 몽땅 싣고 멀리 갑니다

낙엽 하나 떨어져도

낙엽 하나 떨어져도
가을은 울고

낙엽 하나 떨어져도
나무는 웁니다

낙엽 하나
또 하나
다 떨어지면

나무는 소리쳐 크게 울며
눈물로 한숨으로
내일의 낙엽을 다시 만듭니다

잎 떨군 나무는
새끼 잃은 들짐승과 한가지로
눈바람 속에 서서 내일의 낙엽을
다시 만듭니다

붉은 잎은 떠나고

가을의 우수, 짙게 깔린 날
안개 헤치며 길 떠나듯
멀리 떨어진 숲을 찾았지요

구름은 한가로이 하늘에 쉬고
구절초는 하늘 아래 나뿐이라고
떨어진 붉은 잎 조상을 한다

마른 풀에 뒹구는 여문 도토리의 꿈은
거미줄에 걸려 생을 마감하는 나방의 명운이 애처롭다

붉은 잎은 이미 멀리 떠나고
남은 잎들 반은 흙에 묻혔다
어느날 높새바람 힘차게 불어
하늘 높이 춤추며 날아 오르려나

떨어진 붉은 잎의 등을 타고
무당벌레 가족이 살고 있구나

서릿바람 불어오면 부서질 낙토

마른풀 딛고 선 머리 흰 내 몸에
우수보다 더한
차가운 허무가 감겨 온다

5월의 신부 되어

5월은 "앗!" 하고
탄성을 터트리며 꽃잎을 여는
모란의 노란 씨방으로부터 옵니다

5월이 오면 나,
두 팔 벌리고 뛰어나가
새하얀 옥양목 치마에 5월을 싸안고
진자주 고운 꽃잎으로 연지를 삼아
5월을 사랑하는 5월의 신부가 되겠습니다

5월은 연둣빛 안개로 갓세수한
열한 살 화동을 앞세우고
감자순 수런대는 밭이랑 넘어
찔레 향으로 달콤하게 옵니다. 그러면
나는 감자순 나불대는 밭이랑에서
염낭 가득 찔레향 담아
5월의 허리에 달아 줄 겁니다

5월은 낙조의 하늘에서 눈썹달 뽑아
강언덕 초원에 삘기로 피워
필리리 필리리 풀피리 불며
은빛 나래로 살랑살랑 옵니다. 그러면
나는 노을 비낀 보리밭 종달새 되어
지배배지배배 화답하며
굴렁쇠 굴리는 소년처럼
지칠 줄 모르고 날겠습니다

아아! 모란이 춤추는 화려한 5월
제비는 처마 끝에 둥지를 짓고
상추 씻는 여인의 손끝에선
봉숭아꽃 사랑이 채곡채곡 재어져 갑니다.

나비 춤추고 장다리꽃 빛부신 초록의 5월
나는 그 5월을 사랑하는
5월의 신부가 되겠습니다

여름의 끝자락

말할 수 없이 아름다운 여름이었다
까치는 깟깟 아침을 열고
쉴 새 없이 들려준 찌르레기의 노래
이웃 생명들 펄펄한 기운은
겨울로 치닫는 내 영혼에 초록의 주사 놓고, 이 여름
백촉 전등 아래 살게 했다

산봉에는 황금의 태 두른 구름이 있어
흰 구름에, 금사 섞어 날리고
파란 호수이고 있는 여름 하늘, 진정
샤갈이 띄워보낸 한 장의 그림 사연

이제는
먼 산 푸름 투명해져서, 여름
불태우던 권세 내려놓을 때
뒤쫓는 가을이 이루어야 할 빛의 세계
현란한 세상 만들 수 있도록

저물어 가는 여름, 그 힘 다해
초연히 사라질 잔명의 축제
그것 위한 절명의 헌신 바칠 것이고
완성의 기쁨 크게 웃으며
높이 멀리 그렇게 떠나리
여름이여, 안녕
환희와 열정 넘치는 잔에서
함성을 따르며 함께
새날로 비약할 준비를 하자

겨울 나무

화사하던 너울, 달빛 걷히고
빠르게 내려앉는 하얀 서리
죽음의 손짓 두려워 떠는

기러기 날지 않는 칠흑의 밤에
도둑으로 밀려든 거센 쇠바람
사납게 할퀴어 남김없이 떨구는

알몸으로 떠는 이 나무는
새봄에 태어날 아기들 품고 있는
귀한 모성

바람에 맞아 우는 이 소리는, 절대
아파서 오는 육신의 울음 아니다
태아에게 들려주는 강한 생명의 소리인 것

그러기에 하늘에선 솜옷을 내려
언 몸 토닥토닥 따뜻이 안아준다

포실포실 내리는 눈
하늘의 사랑

소나기

무성한 잎을 단 검은 나무들
잔뜩 긴장해 움츠려 있다
순식간 갈라진 구름 사이로
번쩍 빛나는 불 쏟아지는 비
우주가 터지는 듯도 하다

용이라도 하늘로 오르고 있나
세상을 가려버린 불투명의 장막
산새도 들쥐도 깊이 숨어서
영물의 승천을 구경하고 있는가

사나운 빗줄기 옥수수 잎 할퀴고
도랑으로 마을로
마음대로 꿈틀댄다

승룡昇龍이 못 되니
황룡黃龍이 된 듯해

황하는 멀리 바다 건너인데

선재善財의 노래

— 남순동자 선재의 구법편력을 찬함
南巡童子 善財의 求法遍歷을 讚함

어여쁜 길손 선재는 남인도 제국 가린다 해변에서 배를 기다리고 있었다. 그때 멀리서 배 한 척이 오고 있다. "아저씨! 아저씨 저 좀 그 배에 태워주세요" 마음씨 착한 아저씨는 손을 내밀어 길손의 손을 잡아 배에 태웠다. 길손은 몸을 가누지 못하고 비틀거렸다. "배는 처음인 게로구나" "그럼요. 저는 숲에서 태어났거든요" 선재는 문득 부모님이 계신 소나강 상류의 장원을 생각했으나 곧 잊었다. 그리고 "저를 랑가 섬 가까이에 있는 해안국에 데려다 주세요" 했다. 선재는 지금 해안국에 계시다는 선주善住 스님을 찾아가는 길이다. 길손은 황혼의 아름다운 노을 속에서 문수보살의 얼굴을 찾았다.

이때 문수사리법왕자(文殊師利法王子=문수보살)께서는 장엄당 사라림에서 「법계의 진리의 광휘」라는 경을 설하고 계셨다. 실로 많은 보살들과 선남선녀가 말씀을 들으려 운집해 있었다. 이때 선재동자도 500명 장자의 아들들과 함께 와 보살의 발아래 절하고 법을 청했다. "어지신 문수보살이시여, 보살은 어떻게 보살행을 배울 것이며, 어떻게 닦아야 하며, 어떻게 행해야 하며, 어떻게 성취할 수 있겠나이까?" 문수보살은 선재동자를 보자 눈을 빛내며 "바로 그 아이로구나. 이 아이가 어머니 태중에 들자 그 집안에는 담박 칠보七寶의 나무가 싹을 틔우고, 잠깐 사이에 자라 금, 은, 유리, 파려, 적주, 마노, 산호가 주절주절 열리어 집안을 채웠고 갖가지 향료가 넘쳐서 향기 가득한 집안이 되지 않았던가.

그리하여 아이의 이름도 선재라 부르게 되었다는. 어디 그뿐인가. 이 아이는 이미 과거세에 많은 부처를 섬기었고 선근을 심어 무애의 보살심을 완성하고 있었던 것. 보살은 기뻤다. "착하도다, 선남자여! 그대가 무상정등각을 깨치고자 발심하였으니, 깨달아 구할 바는 보살행인바, 그러기 위해서는 선지식에게서 그 결의를 굳힌 보살이 되어야만 한다. 그러니 선남자여! 그대는 이곳을 떠나 가락국 묘봉산의 덕운德雲 스님을 찾아라. 선재는 순수한 기쁨과 감동을 안고 덕운 스님을 찾았다.

선재동자는 덕운스님 발 아래 절하고 다시 법을 청했다. "선남자여! 나의 신해력은 자재하고, 신심으로 해서 지혜의 눈은 청정하다. 지혜의 광명을 비추어 일체세계를 볼 수 있고 넓은 세계에서도 무애의 안력이 있다. 그러나 보살의 행에 대하여는 말할 수 없구나. 그러니 선남자여! 해문의 땅에 살고 있는 해운海雲 스님을 찾아 선근을 쌓는 자량의 인因을 깨치도록 하라" 선재는 이곳에서 광대廣大한 보문출리普門出離의 법문을 얻고 스님 곁을 떠났다.

선재동자는 다시 해운스님을 찾아 절하고 법을 물었다. "나는 보안普眼이라고 하는 법을 깨우쳐 널리 사람들에게 설하고 있을 뿐, 다른 보살들의 행과 공덕에 대해서는 말할 수 없구나. 그러니 여기서 떠나 남방으로 가거라. 남방에 랑가 섬이 있는데 그곳에 선주善住 스님이 계시다. 그곳에 가서 법을 묻도록 해라. 선재는 이곳에서 보안법문普眼法文을 수지하고 스님 곁을 떠나 가린다 해변으로 나왔던 것이다.

그리하여 어린 길손 선재는 가린다 해변에서 배를 타고 해안국에 이르렀으나 기진해 쓰러지고 말았다. 혼미한 가운데 공중에서 아름다운 풍악이 울리고 눈부신 꽃잎이 쏟아지는 가운데 구름 속을 걸어 나오는 일행이 있었다. 선주스님과 보살들이었다. "오! 반갑도다. 나는 네가 갖가지 고난을 겪으며 여기 오는 것을 다 보았다. 착한 자여! 너는 장차 세계를 위해서 대진리를 가진 자가 될 것이다. 나는 무애해탈無碍解脫 법문을 획득하고 있다. 그러기에 중생의 마음을 통찰할 수 있으며, 시방의 불국토에 내 몸을 편안케 하는 일에 장애가 없다. 선남자여! 나는 시방세계를 거닐며 여래를 공양하는 일에 마음을 낼 뿐, 보살행에 대하여는 말할 게 없구나. 그러니 자재성으로 가서 미가彌伽라는 사람을 찾도록 해라. 선재동자는 이곳에서 무애無碍의 문門이라는 보살의 해탈을 얻고 다시 남방으로 길을 떠났다.

선재는 다시 절하고 말했다. "성자시여! 보살은 어떻게 보살행을 배울 것이며, 어떻게 수행해야 하며, 어떻게 해야 보살의 발보리심이 소멸되지 않겠나이까?" 여기서 미가는 선재동자를 경외하는 마음이 일어 사자좌에서 내려와 절하고, 금빛 꽃을 뿌리고, 보석을 뿌리고, 향료를 뿌려 공양하며 다음과 같이 말했다. "선남자여! 나는 변재여신의 다라니광명陀羅尼光明을 얻어 삼천대천세계의 모든 신들의 진언에 정통하고 있을 뿐, 다른 보살의 행行에 대하여는 아는 바가 없구나. 그런 주림 땅에 살고 있는 해탈장자를 찾도록 해라. 선재는 이곳에서 묘음다리니광명妙音陀羅尼光明을 얻어 모든 언어에 통달하는 능력을 얻게 되었다.

선재는 여러 법계가 자신의 몸에 모이는 성취에 힘쓰며 남방으로 남방으로 12년을 걸어 주림 땅의 해탈장자를 찾아 무애장엄無碍莊嚴이란 여래의 해탈을 알고 다시 길을 떠났다. 어린 나그네 선재는 걷고 또 걸어 52인의 선지식을 찾은 후, 이제 만나야 할 분은 보현보살이다 했다. 선재의 가슴에는 보살에 대한 그리움으로 꽃이 핀 듯했다. 불타는 듯했다. 그 그리움의 불꽃이 절정을 이루었을 때, 갑자기 그의 내면이 환해지면서 그 속에서 보현보살普賢菩薩이 나타났다. 선재는 소리쳤다. "보살이시여!" 보살의 모습은 빛의 덩어리였다. 보살의 신변神變인 대광명大光明인 것이다. 보살의 모공에서는 하나하나 금빛 광명이 비치고 있었다. 선재는 놀라 떨고, 또 환희에 떨며 그 자리에 엎어져 한없이 울었다.

"착하고 착하도다 선남자여! 진리는 어린이의 순진으로부터 시작되는도다. 나는 다 보고 있었다. 그간 남인도의 110도성을 두루 돌아 52인의 선지식을 찾아서 법을 듣고, 깨닫고 왔음에도 지치지 않은 그 눈의 초롱함이여, 이미 니르바나에 이르렀도다. 선재보살이여! 이제 그대는 부처와 보살과 동등한 위位에 올랐도다. 그러니 이제부터는 닦은바 지혜와 대비로서 많은 중생을 만나야 할 것이다." 하고 선재보살의 머리에 손을 얹고 말씀하셨다. 이때 선재보살에게는 일체불국토의 미진수와 같은 삼매문三昧門이 들었다. 그때 보현보살은 10가지 보현행원찬普賢行願讚을 말씀하시었다.

모든 부처님께 예배하고 공양할 것
부처님을 찬탄하는 것
널리 공양할 것
업장을 참회하는 것
남이 짓는 공덕을 기뻐하는 것
설법하여 주시기를 청하는 것
부처님이 세상에 오래 계시기를 청하는 것
항상 부처님을 따라 배우는 것
항상 중생을 수순하는 것
지은바 모든 공덕을 널리 회향하는 것

그리고 말씀하셨다.

"선재여, 그대는 나를 보았으면 내 법신을 보아야 한다. 그리고 그대는 내 법신 안에서 다시 태어나라"

"보살이시여, 제가 보살의 법신 안에서 태어날 수 있습니까"

"그렇도다. 내 법신이 바로 비로자나불이로다"

그때 선재는 보현보살의 털구멍마다에서 찬란한 빛이 나는 것을 볼 수 있었다.

"이제 다 마쳤다" 하고

보현보살은 떠나셨다. 그때 보살의 몸에서는 눈부신 햇빛과 눈부시지 않은 달빛 같은 빛이 발했다. 보살은 빛이었다. 그리고 선재동자도 그 빛 안에 있었다.

구법에의 열정
불타는 모래 땅에 쏟으며
터진 발걸음으로 깎아낸 지혜의 마니주
외로움과 믿음으로 별을 바라보며 동무하여
푸르른 빛낸 자비의 마니주
어린 길손
선재의 눈동자 되어 빛나네
이제 광명으로

사자좌에 오르신 선재보살이여!
경배와 찬탄으로 피운 꽃, 가나가伽那加의
다디단 향기와 함께 바칩니다

더운 곳의 극락은 시원함이요
추운 곳의 극락은 따뜻함이니
차안此岸의 추위는 따뜻하게 하시고
불타는 고통은 감로비로 꺼 주소서

오직 제가 바칠 수 있는 것
찬탄과 사랑의 마음뿐이오니
받아주소서
받아주소서

※ 참고문헌
화엄경 약찬게
화엄의 세계(海住스님)
さとりの遍歴(梶山雄一)
(깨달음에의)

제7부
하이쿠(俳句)

봄비

저물녘 실비

가로등에 감기어

우련한 달빛

한매

검은 가지에

하얗게 앉아 있는

저거 나빈가

봄

활짝 핀 벚꽃
한가운데 늙은 솔
우짖는 까치

봄바람

지는 오동꽃

울어머니 저고리

옷고름 팔랑

망종

보리 익었네

종달새 높이 날아

농부를 불러

메꽃

양산을 폈다

뜨거운 모래언덕

가녀린 손목

가는 봄날

앵두꽃 그늘
찰랑 넘은 옹달샘
머리를 감는

눈 내리는 날

눈 내리누나
시들어 누워버린
마른풀 위로

소식

배꽃 닮은 눈
나목의 가지에서
향기를 전해

애상

하얀 눈 위에

멧새의 꽃 발자욱

발갛게 언 발

억새꽃

무덤가 억새
솜털꽃 피웠구나
추위 왔으니

은하수

쪽배 흐르는

강이라 동경했던

여름날의 나

싸락눈

싸락눈 맞고
썰매를 끌어주던
외가의 형제

단풍

물에 씻기어

흘러가는 단풍잎

만추의 이별

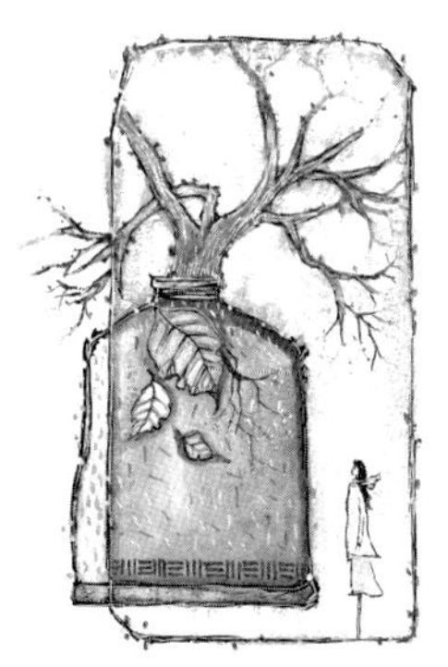

입하立夏

보리 익으니

자운영꽃 불타네

바쁜 모내기

사람다움과 시다움의 원융圓融으로 박진迫眞한 세계를 구조함

―박성숙 시인의 시, 정중하게 지성적 서정의 숲에 들다

소재호(시인, 문학평론가)

한세상을 노시인 한 분이 유영하고 있었다. 깊은 물속에도 골속골속 골짜기가 있는 법, 그 골짝골짝을 건너가는 물빛의 헤엄. 그는 밤낮없이 자신의 화두를 빛냈고, 인생의 먼동을 그렁그렁 녹두의 속잎으로 터뜨리며 온갖 사상事象을 영롱한 형상으로 빚었다. 그의 삶은 서사적 상징이었다. 그리고 온 세상은 그에게 학습의 도량道場이었다. 모든 계절 앞에서도 그는 항시 연둣빛으로 형용되는 그윽한 자태였다.

그는 자신의 의식 일부를 불가지론不可知論에 미뤄두고, 대체로는 범종교관으로 그의 사유思惟를 확장시키고 있었다. 내

밀한 불성의 바탕으로서 연기緣起와 윤회輪廻와 반향反響의 기맥을 통래했으며 그렇다고 시종 한 빛깔로 꼭 불문佛門만을 고집하지는 않았다. 그러고 보니 그는 자연과학과 인문학 쪽도 양안兩岸을 걸치며 통섭通涉하기도 했다. 가만히 들여다보면 애니미즘의 따뜻한 시선도 지니고 있었다. 옛날 어머니의 기원을 담은 한 그릇 신성한 정화수를 상기시키는, 그의 해맑은 고전적 미신(?)도 간간히 그의 의식 속에 남실거리지 않는가? 사실 미신이나 애니미즘적 영성靈性은 범신론적凡神論的 사유에 통한다. 다시 이는 만상에 감정이입感情移入하는 시적 발상의 원초적 사상이다.

그는 존명尊名을 휘날리는 수필가였지만 오히려 시적으로 한 생을 알뜰하게 경영하는 시인이었다. 당당하면서도 부끄럼 많은 한편 여러 자녀를 둔, 조선 모성의 심볼이었다. 박성숙 시인의 시 묶음을 받고, 그 동양적 서정의 숲에 필자는 벌써 함몰되어 버렸다. 시를 보는 내 신념이나 주관은 해체되고 그의 유영遊泳하는 필법대로 순종하여 따르는 추종자가 되어 버렸다. 그가 설계하고 구도한 세계는 너무나 광활했다. 필자는 필자의 지느러미를 잃고 그가 나아가는 관성에 편승한 꼴이 되었으니, 그의 시를 일컬어 평하고 설할 자격을 이미 상실한 셈이다.

물 속 유영도 유영 나름, 그는 마치 산채 같은 한 마리 고래였다. 해저 굽이굽이를 헤치고 잉크물 퍼런 바다를 모두 들이켰다가 허공으로 내뿜은 물줄기, 그 분출하는 것으로 날숨을 삼는, 그리하여 하늘 밑 모든 허공까지를 포획하는, 거대한 몸짓,

그는 만유존재를 시적 체질로 둔갑시키는 크나큰 유선형의 고래였다. 파란 바닷물은 어느덧 하얀 물보라를 일으키고, 그때 햇살은 무지개 한 자락을 곱게 얹는다. 바다를 갈고 다니기 한 세기, 물 위에 뜬 돛배의 흰 돛이나, 만 이랑의 흰 파도나, 하늘을 횡단하는 흰 구름까지 모아 한 가지 흰빛으로 묶어 다시 무지개빛 스펙트럼을 연출하는 고래는, 만상을 드디어 영활靈活시키고야 만다. 그렇다. 진정한 시인은 시로서 만상에 영통靈通하는 것이다. 생사의 경계를 허물고 이승과 저승의 울타리를 뭉개는, 구상과 추상이 한가지로 태를 짓고, 시·공을 나란히 병치시켜 하나의 항아리에 몰아넣는, 탁월한 능력자를 우리는 만나게 된 것이다. 그의 시는 노을녘에 술 익듯이 숙성을 거쳤다.

표제에 올린 바, 사람다움과 시다움을 등가적等價的으로 원융시켜내는 박 시인의 풍모와 품격을 빙빙 돌려 피력하였거니와, 이제는 더 깊이 시의 골격과 체질을 들여다보면서 한 발짝 더 독자들 앞에 어필시키고자 한다.

그가 달구고 담금질해 내는 시들은, 그 구조며, 시적 체질이며, 연과 연을 굽이치며 단절되지 않는 속 깊은 맥락의 이어짐이며, 일관된 사념의 내포며, 형상화된 골똘한 철리哲理의 사유며, 아니 상징성 충만한 형모로 옹글고 또 옹글었다. 그리고 마침내 인간정신이, 풍성한 과육果肉 안에 씨앗으로 영글었다. 미래로 건너가서 어느덧 숲이 될 법한 예비의 갖춤인 것이다. 또한 영일없이 가꾸고 있는 것은 선비정신이었다. 한 줄기로만 뻗어가지만 곱게 곡선을 치는 그의 인생 운용은 펄펄 생동

하는 기풍이었다. 곡曲은 전全이다. 파생하여 진眞이며 생生이라는 도교의 냄새가 그의 인생, 그의 시계詩界에 어리고 있었다. 종교는 딱딱한 교조성敎條性을 벗고, 사상은 정반합正反合의 곡예를 넘어 평정에 다다르며, 나직나직 풍류와 낭만을 끌어들여 삶은 윤택하고, 드디어 서정성의 넓으나 넓은 초원을 펼쳤다. 양파의 껍질을 까고 또 벗기되, 남들은 마지막에 아무것도 없는 공복을 만나지만, 그는 맨 막장에 연초록 생명을 발견하는 혜안慧眼을 지니기도 했다. 또한 그는 한 톨의 돌 쪼가리에서, 태초의 생명이 어른거리는 화석을 발견하고, 저 백악기 날짐승의 날갯짓을 형상해 냈다. 그러니까 물체적 상상력이 아니라 물질적 상상력으로 발상한 것이다.

한편 그의 시에서는, 시적 숙성의 품격 말고도 연만한 나이가 보였다. 말하자면 곱디고운 허무가 읽힌다. 도 깊은 사람이 누리는 무한 가치의 허무 말이다. 아니 초연한 무상일 수도 있겠다. 하여튼 초연이고 초월이다. 그렇다고 무념무상의 경역에 발담근 것은 아니다. 평정심의 골똘한 사유를 무념으로 상관시켜서는 안 된다. 그는 꿈꾸되 도교적 천궁은 아니고, 기독교적 천국도 아니며 삼십삼천의 상상계쯤 되는 능선에 이르러서 돗자리를 펴는 꿈이다. 거기는 우주가 한 송이 모란꽃이 되는 불그레한 노을밭이다. 다정한 사람들 목소리와 자꾸 섞이는 계곡물 소리도 옆에 둔다. 그리고는 반전하여 젊디젊은 시를 읊조린다.

그런데 그의 시는 한 알의 달콤한 사과이다. 형상화를 거쳐 푹 익은 상징의 과일이다. 우선 사과의 외모가 아름답다. 전신으로 원둘레를 치는 곡선미며, 먼동이 터오는 빛이 사과의 볼을 빛나게 하며 하루의 끝자락을 장식하는 노을빛이 삭지 않고 사과의 등판에 눌러 앉았다. 그 형용과 색상과 그리고 다른 차원을 빚는 아우라가 눈부시다. 그리고 먹음직스럽다는 경험 실감이 벌써 미각을 설레게 한다. 향기는 또 어떤가? 미묘한 향기와 또 다른 미묘한 향기가 융합하여 독특한 향기를 뿜는다. 단내는 미각이 취각으로 변환한다. 그런데 이런 사과에 도달하기까지 수많은 우주의 섭리가 간섭하고 관장했을 게다. 천둥과 폭풍우도 철철이 다녀가고, 춘풍추우가 형과 태를 바꿔 몰아쳐가고, 밤과 낮이 차례로 성운을 드리웠을 것이다. 그러므로 칼 구스타브융이 말한 집단 무의식과 누적 심층 심리의 현현顯現으로 상징성이 완성된다는 논리에 부합된다. 그가 살아온 시대, 그가 굽이쳐 온 계절들, 그가 경작하며 이룬 수많은 성취들 이 모든 것들의 실감이 융합하여 그가 구사하고 고용한 시어詩語들로 환생한 것이다. 그러므로 이렇게 형상화된 상징어들은 본래의 질성質性을 넘어 승화된 이미지를 태동시킨다. 그러므로 또한 상징어들은 다의적多義的 의미를 농축시킨다. 그래서 만인의 독자들은 한 편의 시에서 만색의 각각 다른 시를 독해하고 감지하는 것이다.

필자가 전에는 그의 인간성 풍미에 감읍하여 공경했었지만, 이제는 더욱이 그의 시에 감동하여 경외하면서, 몇 편을 골라 필자의 편의에 따라 음미해 보려 한다.

죽고도 죽지 않은

죽고도 살아 있는

한 뼘 삭정이도 남기지 않고
다 타버린 재
황홀하게 펄럭이며 타는 불꽃
완전한 소멸만이 죽음의 극치라 찬미했다

지금 내 앞에 죽고도 죽지 않은
장엄한 신비 누워 있어
생명 질서의 불가사의를 보이고 있다

나무로 오백 년
돌로 오만 년을 살았다는

나는, 고목에 깃든 수염 난 영혼을 사랑했고
영혼 앞에 비손하던
어머니의 손끝을 사탕보다 좋아했다. 그런데
영혼이 가버린 차가운 몸
내 더운 가슴에 어찌 안을지

그러나 이 행성에는 아직도
울음으로 삭일 수 없는 영험이 남아 있고
경험하지 못한 또 다른
하늘의 질서가 경이를 내보이고 있다

영혼의 비상을 앞지르는 빛의 움직임

옹이로 뭉쳐진
겹겹이 다져진 생명의 시간
하늘의 손길 비껴 신비를 낳았다

나는 새 곤충까지 모두 품고
춥고 더운 많은 날, 천둥 번개 물리치며
바람의 자장가로 다독인 사랑
반천년을 흔들리며 견디었구나
개미의 구멍까지 쓸어안고 죽은

쓰러진 뒤에도 열정이 남아
연꽃을 피워 내는 웅덩이를 찾았더냐
새벽빛, 별빛, 바람을 받아
뻘에서 이룬 몸,
고결한 몸태

네 몸 진정 땅의 운석
깨지지 않는 영생의 도자기
지상에서 반짝이는 별인 것을

—「규화목硅化木」의 전문

프랑스 문학 비평가 '바슐라르' 에 의하면, 문학의 질료로 이끌어다 무한 상상력을 펼치게 된다는 주장에 상상력의 물질론

중 '사원소론四元素論' 이 있다. 사원소로서는 불, 물, 공기, 땅을 일컫는다. 한 그루 규화목에서 무한 우주의 질서를 피력함과 동시에, 형상의 실존과 본질을 넘나들며, 자연의 이법을 규찰揆察한다. 불, 물, 공기, 땅 등이 모두 귀화목에 융합하고, 그 형질의 변화를 도와, 원형적原型的 상상력을 발현시켜 그 원형의 이미지가 진화하여 미적 감동으로 '울림' 에 다다른다. 이 「규화목」은 깊이 통찰해 보면 저 사원소론 말고도 고유한 동양적 사상인 음양오행설陰陽五行說이 내밀하게 구조되어 있다. 상생相生과 상극相克의 절묘한 순행이 이 시에서 굽이친다. '한 뼘 삭정이도 남기지 않고〔木〕→다 타버린〔火〕→재〔土〕 그러니까 목생화木生火요 화생토火生土요, 다시 토생금土生金으로 시의 구조는 연출되고 있다. 색즉시공色卽是空 공즉시색空則是色인 셈이다. 규화목은 존재의 소멸에서, 다시 환생한 생명체로서 시인의 시야에 돌올하게 존재자가 된 것이다. '죽고도 죽지' 않는 역설과 '무생을 생' 으로 보는 아이러니가 시 속에 파다하다. 힌두교에서 우주 전체의 큰 영을 '브라흐마' 라 하고, 개별체의 작은 영들은 아트만이라 했는데, '장엄한 신비' '생명 질서의 불가사의' 는 이 브라흐마와 아트만의 경계를 넘나드는 원형의 질성質性을 시인을 보고 있었던 것이다. 적당히 불가지론不可知論이고 적당히 윤회전생輪廻轉生하는 불성佛性의 사상이다. 규화목은 금생수金生水로서 '물 웅덩이' 를 찾아서 '새벽 빛, 별빛, 바람' 을 이끌고 신비한 생명체 그 독존자로 우뚝 지상에 나섰다가 다시 천상의 별로 승화한다. 영 · 육은 서로 떠났다가 다시 원융하며 생성 사멸을 반복한다. 우주질

서를 한 뼘의 규화목에 다 등장시킨다. 더구나 장엄한 창생의 광장에 '비손하던 어머니' 가 출현한다. 따뜻한 모성은 천지운행의 한 과정에 절묘하게 끼어든다.

모든 시 구조의 진행에는 시 · 공의 변환 추이에 따라가는 추보적 서사성에 깃든다. 말하자면 시가 서정성에다 서사성, 지성성이 모두 혼재하여 영특한 면모를 갖춘다. 아마도 이 시 한 편에서 박 시인의 종교관, 인생관, 약간의 허무주의 또는 인문학적 사려 등등이 다 들여다보일 것이다. 모두에서 '사과' 와 '고래' 를 등장시켜 시의 풍모를 견주려 했던 바, 너무나 비약적이지 않느냐 하는 재귀 물음에 대하여 단연코 이 시 한 편으로 그 우려를 쾌쾌히 떨치고도 남음이 있는 것이다.

그런데 시는 시다워야 한다는 명제를 충분히 달성한 점 때문에 이 시의 거룩함을 더욱 피력하고자 한다. 관찰 대상으로서의 사물→감정이입感情移入된 물상(의인화)→서정성 표상→다시 형상화(이미지화된 물상)으로 시의 형성 단계를 제대로 밟은 점에 주의하고자 한다. 형상화로서 개념적 추상적 언의言意를 창조된 이미지로 옷 입혀진 물상으로 변전, 변이시키는 기예技藝에 대하여 찬사를 얹는다. 이 과정을 경과하고 드디어 상징시가 되는 것이다.

그곳엔 큰 바위와 벼랑이 있었다
하얀 찔레 닮은 강모래도
낮에 날던 물새 나래를 접고
강바닥 고기들 잠들 때면는

모래가 우는
낮은 소리로 흐느껴 우는 모래의 울음소리가
강을 타고 흐른다

바위와 강물이
몇 만 년을 만나 이루어 놓은 모래
모래는 그 긴 세월의 사연을 알아
아픔을 알아 우는 것

오늘도 하늘은 어김없이
밤의 역사를 펼쳐가고
불덩이 해도 성큼
노을을 앞세워 내일로 가고 있다
소멸은 존재의 마지막 춤사위인가

춤추지도
흐르지도 못하는 정체
모래는 펄럭이는 바람을 조상하며
펄럭이어 소멸하는 그 아름다움이 부러워
슬피슬피 우는 거다

—「해 지는 강가에서」 전문

이 시는 너무나 방대한 역설이다. 작은 모래가 큰 것들보다 더 영원하다. 태초에 '바위와 강물이 몇 만년을 만나 이뤄 놓은 모래' 이긴 해도 그 모래는 '밤의 역사', '불덩이 해', '펄럭이는 바람' 등의 '펄럭이어 소멸하는 그 아름다움'을 부러워하며 영원한 불멸의 '울음'의 독존자가 되어 있다. 모래의 울음은 거룩한 아이러니이다. 그러니까 '소멸하는 것은 아름답고 영원히 머문 것은 슬픔'이라는 대칭적 패러독스이자 아이러니이다. 이 궤변(?)은 시적 생기를 북돋운다. '모래는 슬피 운다'가 이 시의 주조이니 시인의 감지 능력이 탁월한 것이다. 세상 어디에도 모래의 울음 소리를 들은 자가 있었던가? 가령 갈대가 운다고 하면 모를까?

별들이 쏟아져 나와 하늘을 채운 밤
나도
동무별과 어울려 어깨를 짜고
노래하며 하늘을 유영하다 그만
유성우流星雨에 쓸려 떨어지고 말았다

끝없는 초원
하늘에선 알지 못한 풀 향기가
떨어진 아픈 몸을 쓸어 주었다

나무의 흰 뼈 닮아 하얀 바람
초록의 잎새 날리며 신성한 몸짓으로
생명의 씨앗들 만들고 있다

그때 멀리서

말갈퀴 날리며 한 남자가 오고 있다
저 남자 나와 같은 밤의 자식
인간은 죽어가는 별에서 만들어진 원자로 된 것이니
두렁치 두르고 양젖 짜는 모녀
저 엄마
저 딸
저 양은
어느 별의 초신성 때 떨어진
별들의 몸일까
친구야, 불러도 알아주지 않는
지금은 피 도는 생명체지만
언제나 네 안엔, 목마른 울대로
은하를 갈구하는 영혼이 있지

언제가 되려나 알 수 없는
오늘처럼 별이 쏟아지는 밤 오면
우리들 별의 자식 어깨를 짜고
동무별 유영하는 하늘로 가자

생명이 없는 우리의 고향
생명이 없으니 영원이 있는

—「별 밤에」 전문

중국 고전에 「수호지水滸誌」란 소설이 있다. 천상의 108개 별이 각각 무슨 죄를 지어 인간 세상에 환생하여 백팔두령이 되고 이 백팔두령이 하늘을 대신하여 도를 행하며 정의와 인간 의리를 펼치고 오히려 충의를 떨친다는 내용이다. 별은 멀리 있다. 그리고 밤 하늘에 빛나므로 항시 인간에게는 이상이니 희망이니 어떤 영혼의 승화니 등으로 상징화된다.

이 시에서는 반전하여 별이, 이상적이고 아름답고 고귀한 영혼을 지닌 별이, 하강하여 아름다운 사람들의 생령을 빚은 것이다. 소설에서는 저러한 스토리를 허구라 하지만, 시에서는 과잉실감 또는 시적 상상력의 소산이라 일컫는다.

저 '양젓 짜는 모녀, 저 엄마, 저 딸, 저 양' 은 목가적 전원적 자연을 배경으로 두른다. 김소월의 시에서 '엄마야 누나야 강변 살자/ 뜰에는 반짝이는 금모래빛/ 뒷문 밖에는 갈잎의 노래 / 엄마나 누나야 강변 살자' 의 정서와 구조에 이 시는 너무나 부합한다. 엄마와 누나가 등장함은 인류 본래적 집단 무의식이라고 본 심리학자 칼 구스타브 융의 상징 설화에 귀착한다. 별이 내려와서 이룩한 세상, 그 세상을 유영하는 사람들은 선녀와 같은 이미지이다. 역시 하늘과 땅, 죽음과 삶, 빛남과 어둠, 생동과 괴멸, 수직과 수평, 움직임과 머물음 등등 대칭적 조화가 가득 구조되어 있다. 시 · 공이 병치하거나, 기존 개념의 반전, 가치, 주제 등의 흩어짐 등으로 미루어 소위 아방가르드풍의 모더니즘 형태도 돋보인다. 불교적 윤회 사상도 깃들어 있고 범신론적 깊은 사려도 여러 시행에서 보인다. 삭막하고 변화무쌍한 속세를 떠나는 아름다운 영혼의 세상을 그림 그린다. 통큰 그림이다.

'나무의 흰 뼈 닮아 하얀 바람' '초록의 잎새 날리는 신선한 몸짓' '피 도는 생명체' '우리들 별의 자식' '생명이 없으니 영원이 있는' 등이 시적 테크닉으로 매우 뛰어나다.

출렁이는 초록 파도
숱 많은 소나무 참나무 아래
흑골黑骨 기둥으로 초라한 지붕
천 년하고 또 오백 년을 지내온 가람

신라 승 의상국사 종이학 접어
부석사 뜨락에서 하늘에 날리니
한숨에 가볍게 여기 앉았다네
그래서 지었다는 봉정사

석축 밑 환히 핀, 작약 수국 백화는
생명 웅성이는 극락의 중생
단청도 지워버린 세월의 끄름
품고 있는 때 탄 구슬, 닦으란 화두

때마침 지나가는 수행승에게
"신라의 옛 스님 뵙는 듯합니다"
합장하니
검은 나무로 깎은 것 같은
까만 얼굴의 마른 스님
흰 치아 드러내며

샘물로 웃어

—「봉정사鳳停寺」 전문

봉정사가 지어지고 천오백 년을 이어온 서사적 전설이 이 시의 제재이다. '샘물로 웃어' 는 염화시중의 미소拈華示衆微笑이며 이심전심以心傳心이며 교외별전敎外別傳이다. 그러니까 까마득한 신라 때 의미가 오늘 한 승려의 웃음이 된 것이다. 시의 화자는 한편 이천오 백 년의 내림 불성佛性을 깨닫고 있는 것이다.

특히 '석축 밑 환히 핀, 작약 수국 백화는/ 생명 웅성이는 극락의 중생/ 단청도 지워 버린 세월의 끄름/ 품고 있는 때탄 구슬/ 닦으란 화두' 이 연은 이 시를 대번에 빛나게 형성했다. '작약 수국 백화 = 생명 웅성임 ⇒ 극락의 중생' 이 절묘하고 경이로운 표현은 절창 중에 절창이다.

내 안의 길을 걷는 사람
이정표 없이
들꽃이 만발한 꽃바람길 아니야
해골의 바위가 안나푸르나로 솟은
소멸의 바람 가슴 후비며 부는 길
천길 낭떠러지 땀 흘리며 걷는 길

신은 어쩌면 그런 곳에
작은 돌멩이로 앉아서
저 높은 곳만을 보지 않고

걸음새 낮은 그런 이에게만
번쩍 큰 눈빛 보내줄 건가

내 안의 길을 걷는 사람
오직, 한 일만 생각하고
천둥소리에도, 다디단 유혹에도
움쩍 않는 사람, 이런 이에게만
하늘의 소리 듣게 할 건가.

지혜의 열매 구슬로 품고 있는 이
뜨거운 자기의 침잠 속에서
그곳에 깃든 원시의 마음과 만나게 되리

마음은 영혼
영혼은 신에게 이르는 한 마리 새다

—「내 안의 길을 걷는 사람」 전문

유치환의 「바위」라는 시가 연상된다. 그 바위는 천년의 함묵이다. 희로애락에 물들지 않고 깨어져도 소리하지 않는 바위이다. 바위는 마음을 품고 있다. 영혼을 품고 있다.

시적 자아는 구도자求道者인 셈이다. 길을 찾아 나서서 마침내 초월자가 되는 것이다. 골똘히 철리哲理를 사유한다. 다시 이심전심以心傳心으로, 신이 작은 돌멩이가 되어 길을 보여 준다고 한 점에서 불성을 느낀다. 이 시는 주지적 서정시라 볼 수 있겠다.

6월은 하얀 치아를 반짝이며 다그는
열여섯 소년의 청신한 숨결이고
초록 공단으로 치장한 엘리제 궁이며
공주의 머리에 얹혀진 에메랄드 화관이다

6월은 길가의 돌맹이까지도 광석으로
번쩍이게 하는 빛의 달이고
무한한 생장生長의 달이기도 하며
절정에 다다른 힘찬 생명의 달이다

6월의 저 짙푸른 누리를 나는 사랑하며
뻗쳐오르는 생기와 청청 앞에 오래
무릎 꿇고 경배하고자 한다

그러나
6월은 나에게 잔인한 달이기도 하다
6월은 대포 소리도 요란하게 와서
나의 열여덟 라일락을 짓부셔버리고
아버지를 빼앗은 눈물의 달인 것이다

그런데도 나
쑥갓꽃 순결한 이 아픈 6월을 사랑하는 것은
못난 이 나를 세상에 있게 한 달인 까닭이기도 하다

아! 6월이여
못내 아파하다가도 이내
찬란하고, 사랑하지 않고는 못 배기는
6월 닮은 내 성정이 좋기만 하다

—「6월의 노래」 전문

노천명 시인은 '오월' 을 계절의 여왕이라 했다. 그리 써먹어 버렸으니, 박 시인의 '6월' 은 계절의 공주라 해야 할 성싶다. 온갖 찬란함, 온갖 아름다움을 형용한 6월이기 때문이다. 그리고 아버지 여읨으로 '아름다운 슬픔' 의 아이러니도 등장한다. 이 반전 빼고는 모두 다 지선극미至善極美한 정경이다. 순수, 청신, 우아, 화려, 생기, 순결, 사랑, 경이……. 진선미의 모든 화두가 6월에 충만하다. '요람에서 무덤' 까지란 말씀이 있다. 요람(탄생)의 달이 찬란하여, 또한 그런 세월을 삭히고, 어느덧 무덤(죽음)에 이르러서도 찬란할 것이다. 박 시인의 생애가 그럴 것이다.

바람 일지 않게
스란치마 끄는 소리로
그러나 여물게 굴러 떨어지는

잎새에 흘러
소년의 반짝이는 이

꽃잎에 앉아

소녀의 부끄러움

산천을 씻는 빗물 방울방울
산도 들도 초록 세상

한 마리 새로 날아서 올라
구름도 초록으로 물들이고 싶은

—「초록비」 전문

'안개<는개<이슬비' 로 빗낱의 알갱이 크기가 의미된다. 비가 만상에 동화되어 그런 소리요, 빛깔이요, 동작이요, 형용이다. '시는 말하는 그림이며 그림은 말없는 시' 라는 화두에 적합하다. 박 시인을 모두에서 일컬으며 연둣빛 생애라 했거니와 예컨대 이런 시의 이미지에서 연상되었던 듯싶다. 사상이나 주제를 등한히 하면서 명징한 시상이 회화적으로 형상화된다. 16세 소녀가 예쁜 감성으로 초록비를 연출한다. 참으로 맑고 청정한 초록빛 천지라서 그냥 그대로 유토피아이다.

기러기 나래 접은, 안개 언 밤
호올로 흐르는 사위어진 몸
바람 스치고 구름이 와서
함께 가는구나 가없는 길

둥두렷 떠올라 은빛 물결 출렁일 때
내 꿈은 창파에 분홍춤을 추었네

월광을 촉각으로 받아 마시며
달이 질 때까지 울어댄다는
저- 인도의 월광충처럼
몸을 떨었네

왔으니 가는구나 영광의 한때
기우는 옷섶에 실리는 눈길 없어
"안녕"
허공에 맴도는 소리

잔별도 잠이 든 적막의 하늘
성근 몸 뉘어가는 침묵의 입에
서러운 입김 서리지 않아

정결한 여인의 가리마로
법도에 귀 밝은 서리찬 기운

—「11월 그믐 밤」 전문

행마다 도치법이 특별하다. 여운과 응축미가 시행의 밀도를 높인다. 리듬이 외형률을 방불케한다. 하늘과 땅과 새와 산천초목과 사람… 적막강산이다. 허무와 무상감이 가슴을 서늘케 한다. '헛되고 헛되도다' 솔로몬의 영화도 마지막엔 헛된 것이었던가 보다. 이 시에서는 동양적 허무가 가득히 차 오른다. 박 시인의 시는 그 스케일이 광대무변하고 웅장하여 남향성男向性을 띤다. 11월의 11이란 숫자 외모가 '사위어' 있다. 시의 형

국이 이미지름으로 형상되면서 소위 의미적 요소, 회화적 요소, 음악적 요소가 등가적으로 융합되어 시의 가치를 치솟게 한다. 적당한 비애가 속깊이 웅크리고 있어서 시적 감흥이 저절로 인다.

'안녕' 이란 시어의 '따옴' 형태를 빌림은 현재적 실감을 도출시키는 참으로 탁월한 표현이다. 11자와 정결한 여인의 가르마가 '서리찬 기운' 으로 회귀하는 환영에 필자는 소스라치게 놀란다. "인도의 월광충처럼 몸을 떤" 인생의 결말에 다다른 무대 위의 고전풍 여인은 마냥 서러운 것이다. 필자가 시를 외어서 낭송한다면 꼭 이 시를 선택하리라. 아름다운 별리의 정서이므로….

저승엘 뉘라서 가봤을까마는, 그래도
백중엔 저승문이 열린다고
저세상 계신 영혼 영접을 한다

풀먹여 다린 옷 정갈히 입고
종종진수 마련해 찬합에 담고
향내 자욱한 명부전에 든다

처마끝 풍경소리 들리실는지
나 보고 깜짝 반기기나 할는지
때때로 잊고 산 정, 내 안의 구름

아버지 함자
어머니 성명
불러보는 사랑에 물결이 일어

생전에 조금만 더 효했더라면
다독여 주시라 응석했을까
어머니 울아버지 많이 드소서

당신들 계신 곳 평안하온지
춥지는 덥지는 않으시온지
사철 동안 미풍취동한다 하오니
그곳이 극락이라 믿겠나이다

흰구름 덩을 타고 오르실 적에
명부전 앞뜰, 족두리꽃
어머니 머리에 얹어드릴게
아버지 어머니 웃고 가소서

—「명부전 앞 족도리꽃」 전문

불가지론不可知論과 불교의 사상이 혼재하며 인간 현세에 저승을 끌어들인다. 종교적 체감이 중요한 것은 아니고 부모님에 대한 회상과 지난 적 그 부모님 사랑과 은혜로움을 상기하며 감읍하는 내용에 주목할 일이다.

명부전이란 주불이 지장보살이며 좌우에 도명존자와 무독귀왕을 봉안하며 다시 그 좌우에 명부시왕상을 안치하는 저승의 유명부幽冥府로서, 인간의 수명을 규제하고 죽은 자의 영을 관장하므로 따라서 예서 명복을 기원하는 곳이라 이른다. 여기서 족도리꽃은 산 자와 죽은 자를 연결하며 저승까지 영화를 연계시키고자 하는 염원을 담은 매개물로서 너무나 상징적인 소재이다. 부모님에 대한 절절한 그리움이 서글프게 환도還到하는 정리情理에 시적 체감 온도는 너무나 상승한다. 시적 테크닉이 빼어난 것이 아니라, 시적 정서가 너무나 빼어나다. 시적 테크닉이 잔꾀(?)라 가정한다면 제대로 갖춰진 정서는 가슴 깊이 충일한 시의 본향이라 이르고 싶다. 이 시는 부모를 여윈 자들에게 가슴 저리게 하는 회한을 유발하고도 남는다.

목련의 꽃잎이 울안을 덮을 때면
먼길 저승에서
그리운 어머니의 눈빛이 온다

청춘에 홀로 되어 한평생을
옥양목 저고리만 입고 지내신
달빛 푸른 밤의 흐느끼는 소복녀

목련을 좋아해 울안에 심고
나무가 뿌리로부터 꽃물을 퍼올릴 때
어머니는
가슴 골 더운 김 토해내서
도토리 사남매 키우셨다

나무에 기대어 긴긴 날
오고 간 사연이야 나는 모른다
연면이 조금씩 늙어가는 나무
앞서간 지아비로 섬기었는지

들녘 아지랑이 춤추던 날
목련의 꽃잎이 땅에 누울 때
어머니도 그렇게 누우셨다

—「목련 꽃 필 때」 전문

이 시는 목련꽃과 어머니를 완전히 합일시킨 기법이 너무 훌륭하다. 어머니에 대한 그리움, 그 정서나 회고의 정, 또는 어머니의 과거 행적 등이 하나의 뭉쳐진 개념이자 이미지로 응집되었는데, 다시 이를 목련꽃으로 형상화시킨 것이다. 형상화된 목련꽃은 실감의 유리流離를 거쳐 순결, 청순, 순백의 사랑, 청초, 고매, 고고 등의 이미지를 함축하고 이를 어머니의 숭모한 자태로 회귀하는 정갈한 한 모금의 샘물 같은 시이다.

앵두꽃 그늘
찰랑 넘은 옹달샘
머리를 감는

—「가는 봄날」 전문

양산을 폈다

뜨거운 모래언덕
가녀린 손목

—「메꽃」 전문

활짝 핀 벚꽃
한가운데 늙은 솔
우짖는 까치

—「봄」 전문

지는 오동꽃
울어머니 저고리
옷고름 팔랑

—「봄바람」 전문

보리 익으니
자운영꽃 불타네
바쁜 모내기

—「입하立夏」 전문

하얀 눈 위에
멧새의 꽃 발자욱
발갛게 언 발

—「애상」 전문

하이쿠(배구, 俳句) 6편을 뽑았다. 일본 문학사 수백년간 발

달해온 정형시로서, 5, 7, 5자의 3구, 17자(음)를 기본 음절로 하는, 한 줄로 된 전통 시가이다. 대개 즉물적卽物的 주지적主知的인 서정시로서, 무한 시간 흐름 속 찰나를 자른 단면 속에, 생의 극치(아름다움)를 찾거나 혹은 찰나 속에서 영원을 보고자 하며 서술을 극도로 부정하고 최소한의 상징적인 시어와 여백으로 감동을 꾀하는 특성을 지닌다. 또한 존재, 실존을 참 본질에서 규명하려 하는 진실 체감의 시이다. 이 하이쿠는 꼭 계절어〔季語〕를 필수로 등용시켜야 한다.

박 시인은 일본에 유학했던 시절이 있었다. 문학을 지성으로 천착하는 그의 눈에 일본 유명 하이쿠 작품들이 눈에 띄지 않을 수 없었을 것이다.

이 6편은 다 좋은 전체 중에서 필자의 어리석은 안목으로 선별한 작품들로서 다음과 같은 기준을 두었다.

말하자면 첫째, 상징성이 뛰어나다. 둘째, 표현이 절묘하여 대칭성, 비약적 상상력, 파생 정서, 3차원으로 끌고가는 연상 수법 등이 탁월하다. 셋째, 회화적 정경이 빼어나다(오감으로 연계되는 감지 효과면) 등으로 살폈다. 아마도 일본 현존 하이쿠 작가들의 작품 수준을 훨씬 능가하리라고 감히 예단한다.

박성숙 시인은 연세 연만하면서도 젊게 사시는 분이다. 그의 정서 누림이 그렇고, 풍류 즐김이 그러하며, 고매하되 젊은 문인들과 어울리며 표표유랑하여 4계의 철철을 풍광 좋은 곳으로 발길 옮김이 그러하다. 그런데 더 중요한 것은 시가 연륜 깊은 사상에 젊은이의 정서로 포장하며 현대적 기풍의 시적 테크닉으로 무장한다는 점이 매우 출중한 것이다.

그는 다 채우되 다시 비우는, 아름다운 생애를 연출하는 진정한 노선비이다.

더욱 문운 융창과 존체강녕을 진심으로 기원하며 어리석고 옹졸한 글을 접는다.

박성숙 시집
규화목 사랑

인쇄 2016년 6월 13일
발행 2016년 6월 16일

지은이 박성숙
발행인 서정환
펴낸곳 신아출판사
주소 전북 전주시 완산구 공북 1길 16(태평동)
전화 (063) 275-4000, 252-5633
팩스 (063) 274-3131
이메일 sina321@hanmail.net
출판등록 제465-1984-000004호
인쇄 · 제본 신아출판사

ISBN 979-11-5605-337-8 03810
값 12,000 원

「이 도서의 국립중앙도서관 출판예정도서목록(CIP)은 서지정보유통지원시스템 홈페이지(http://seoji.nl.go.kr)와 국가자료공동목록시스템(http://www.nl.go.kr/kolisnet)에서 이용하실 수 있습니다.(CIP제어번호: CIP2016014207)」

Printed in KOREA